AF202873

Marianne Kopp

Aachen genuss

Gaumenfreuden aus der Stadt der Printen

Fotografiert von Günter Pump

Husum

Karl der Große, Printen, Puttes und sprudelnde Vielfalt

Fragt man jemanden, was ihm beim Stichwort „Aachen" einfällt, so kommt spontan die Antwort „Aachener Printen!" – aber auch der Aachener Dom, das Wahrzeichen der Stadt, und natürlich Karl der Große, der Patron von Aachen.

Aachens Geschichte begann bereits in der Jungsteinzeit, wovon ein reiches archäologisches Erbe zeugt – aber erst Karl der Große drückte der Stadt sein Siegel auf (buchstäblich bis heute – dem Emblem mit seinem Signum begegnet man überall in der Altstadt). Ihm verdankt Aachen den berühmten Dom, die Pfalzkapelle seiner Lieblingsresidenz (auch wegen der heißen Quellen), eines der besterhaltenen Baudenkmäler der Karolingerzeit. Hier fand Karl der Große 814 auch seine letzte Ruhestätte. Seit 1215 ruhen seine Gebeine in dem prächtigen Karlsschrein.

Aber noch weit mehr Kostbarkeiten hat der Aachener Domschatz zu bieten. Bereits 799 wurde zur Einweihung der Pfalzkapelle ein sagenhafter Reliquienschatz aus Jerusalem übersandt. Es soll sich um die Windeln Jesu, das Lendentuch Jesu, das Kleid Mariens und das Enthauptungstuch Johannes des Täufers handeln. So findet in Aachen alle sieben Jahre die Heiligtumsfahrt statt, die bedeutendste Wallfahrt im deutschsprachigen Raum, schon im 14. und 15. Jahrhundert ein wirtschaftliches und kulturelles Ereignis, das täglich 100.000 Pilger nach Aachen zog, als die Stadt erst 10.000 Einwohner hatte.

Heutzutage ist auch das seit 1924 alljährlich ausgetragene internationale Pferdesport-Turnier CHIO Aachen, einzigartig in Deutschland, eine Attraktion für Gäste aus aller Welt und sorgt für mediale Aufmerksamkeit.

Vieles in Aachen hat einen Bezug auf Karl den Großen. So schreibt die Sage ihm das erste Printenrezept zu: Nach dem verheerenden großen Stadtbrand von 1656 erinnerte sich ein Bäcker, dass es am Kaiserhof Karls des Großen ein ganz besonderes Gebäck gegeben haben sollte, das jetzt als begehrte Handelsware Aachen retten könnte – aber das Rezept war verloren. Karl der Große hatte es auf seiner Reise nach Bagdad von Harun al-Raschid persönlich erhalten, später war die Originalhandschrift ihm ins Grab mitgegeben worden. Die vergessene Karlsgruft wiederzufinden und zu öffnen, half der Teufel, und ein mutiger, gewitzter Bäckerlehrling stieg hinab und fand das Rezept tatsächlich – aber betrog dann den Teufel um seinen Lohn, indem er ihm von den frisch gebackenen, noch ofenheißen Printen zu kosten gab: der Teufel verbrannte sich in seiner Gier daran und fuhr heulend zur Hölle …

Hinter dem Rathaus wird noch heute der Kräutergarten Karls des Großen gepflegt. In der Landgüterverordnung des Kaisers, seiner "Capitulare de villis vel cortis imperialibus", ist im 70. Kapitel eine umfangreiche Liste von Pflanzen niedergeschrieben, die in ihrer Bedeutung einer mittelalterlichen Kräuter-Apotheke gleichkamen. Die Aachener sind stolz darauf und benutzen diese Kräuter bevorzugt für alte und neue Gerichte – etwa ein Kräutersüppchen oder die Aachener Karlswurst, die die Aachener Innungs-Fleischermeister mit Kräutern aus dem Spektrum der Pflanzen aus Kaiser Karls Garten würzen. Inzwischen wurde die Karlswurst als regionale Spezialität patentiert.

Karl der Große ist in Aachen allgegenwärtig – auf dem Marktplatz vor dem Rathaus steht der Karlsbrunnen mit der Statue des Kaisers über einer großen, runden Brunnenschale, von den Aachenern liebevoll-respektlos "Keiser Karl ejjene Eäzekomp" genannt, Kaiser Karl in seiner Erbsensuppenschüssel! Denn Erbsensuppe ist ein rheinisches Traditionsgericht, nicht wegzudenken aus der regionalen Küche. Zudem hatte er selbst ja in seinem "Capitulare de villis" den Anbau von Erbsen in größerem Umfang empfohlen. Allerdings wurde die Suppe zu seiner Zeit noch ohne Kartoffeln gekocht.

Internationale Bedeutung hat der Karlspreis, der seit 1950 alljährlich am Himmelfahrtstag an Persönlichkeiten oder Institutionen verliehen wird, die sich um Europa und die europäische Einigung verdient gemacht haben.

Fast ebenso alt ist der 1952 initiierte "Orden wider den tierischen Ernst", der als Höhepunkt im Aachener Karneval durch den "Aachener Karnevalsverein" (AKV) an bekannte nationale und internationale Persönlichkeiten des öffentlichen Lebens verliehen wird, "die Individualität, Beliebtheit und Mutterwitz in sich vereinen, vor allem aber Humor und Menschlichkeit im Amt bewiesen haben".

Nicht ganz so bekannt, aber regional bedeutsam ist der Aachener „Puttesorden", der bis 1988 und wieder seit 2005 durch die Aachener Fleischerinnung ebenfalls in der Karnevalszeit an verdiente Personen aus der Region verliehen wird, in den 80er-Jahren sogar an die damalige Bundestagspräsidentin Rita Süßmuth.

Der Oecher Puttes ist eine Kochwurstspezialität mit inzwischen 200-jähriger Tradition. Blutwurst gilt als eine der ältesten Wurstarten, bereits in der Antike bekannt. Also wird Karl der Große sie auch schon gegessen haben. Die Aachener Fleischer haben mit einer besonderen Rezeptur den Oecher Puttes über die Grenzen Aachens hinaus bekannt gemacht. Ein altes und ein neueres Puttesrezept sind in diesem Büchlein enthalten.

Vom Mittelalter bis in die 1990er-Jahre war die Produktion von Tuchen und Nadeln der wichtigste Wirtschaftsfaktor in Aachen. An allen Bächen waren Tuchfabriken und Tuchfärbereien angesiedelt, außerdem gab es unzählige Nadelfabriken. Daher kommt auch das spezielle Aachener Erkennungszeichen, mit dem sich Aachener in aller Welt grüßen: mit dem erhobenen kleinen Finger (Klenkes) der rechten Hand. Denn die Arbeiter, meist Kinder, benutzten zum Aussortieren der fehlerhaften Nadeln ihren rechten kleinen Finger. Seit 1970 erinnert das Klenkes-Denkmal des Bildhauers Hubert Löneke an der Ecke Holzgraben/Adalbertstraße daran, und einige Printenbäcker haben Printenstängchen in Klenkes-Form in ihr Sortiment aufgenommen.

Heute ist die Süßwarenherstellung ein bedeutender Industriezweig. Schokolade, Konfitüren und Backwaren werden in Aachen produziert. Zu weltweitem Ruhm brachten es die Aachener Printen, die von fast allen Bäckern Aachens in eigenen charakteristischen Varianten hergestellt werden. Printen haben in Aachen das ganze Jahr über Saison, keineswegs nur zur Weihnachtszeit. Mehr als 4500 Tonnen Printenmasse werden pro Jahr in Aachener Betrieben und Bäckereien hergestellt, ein großer Teil davon gelangt als Exportware, in Weihnachtspäckchen, als Souvenir, Präsent oder Mitbringsel in alle Welt.

Ursprünglich stammt das „Gebildbrot" aus dem belgischen Städtchen Dinant, wo es schon um das Jahr 1000 von den Gelbgießern (Messinggießern) gebacken wurde, die über kunstvolle Steinformen dafür verfügten. Als 1466 Karl der Kühne Dinant eroberte und zerstörte, zogen etliche

Gelbgießer nach Aachen und brachten ihre Backtradition mit. Mit der Erschließung neuer Handelswege kamen Gewürze aus Indien, China und Afrika auf den europäischen Markt und wurden für das Gebildbrot verwendet. Der Teig musste bis zu einem ganzen Jahr reifen, dann wurde er in kunstvolle Backmodeln gepresst, die die Bäcker dafür schnitzten: mit religiösen, militärischen und volkstümlichen Motiven. Besonders beliebt war die Darstellung Karls des Großen. Im Niederländischen bedeutet „Prent" Bilderbogen und im Englischen „to print" drucken, daher der Name Printe.

In den Alt-Aachener Kaffeestuben Van den Daele und im Heimatmuseum der Burg Frankenberg kann man die kostbaren alten Formen heute noch bewundern.

Um 1800 änderte sich die Rezeptur für die Printenherstellung, indem man den billigeren Rübenzucker und -sirup entdeckte und verwendete, der den Import des teuren Rohrzuckers und Honigs verzichtbar machte. Nun musste man aber auch Pottasche als Lockerungsmittel hinzufügen – dadurch verschwammen die Reliefformen, und man konnte nur noch Figuren in der Silhouette darstellen. Heute werden die meisten Printen als einfache Schnittprinten gebacken, dafür aber mit verschiedenen Überzügen aus Mandeln, Zuckerguss und Schokolade. Der Printenteig selbst enthält nach wie vor keinerlei Fette, auch keine gemahlenen Nüsse. Dagegen hat der Teig der neueren Kreation von Weichprinten eigentlich nichts mehr mit den ursprünglichen Printen zu tun.

Hinter der breiten Popularität Karls des Großen stehen die Aachener Printen natürlich nicht zurück. Gern verwendet man sie als Beigabe in herzhaften und süßen Gerichten, wo sie den Speisen eine charakteristische Printengewürznote verleihen. Ob in Sauerbraten, Frikadellen, Wildgerichten, Leberwurst, Pasteten oder Senf, ob in Eis, Tee, Bonbons, Likör, Soufflées, Parfaits oder Quarkspeisen – auf das Printenaroma braucht in Aachen niemand zu verzichten, und es werden immer neue Verwendungsmöglichkeiten erdacht.

Darüber hinaus gibt es in Aachen ein Printen-Denkmal, Printen-Sagen, einen Printen-Krimi, ein Kinderbuch um eine Printe namens Marianne und seit 2013 sogar eine Comicfigur, Karl den Kleinen, der Printen über alles liebt und oft dem Teufel und dem Wassergott Granus begegnet.

Meine Eltern sind keine „gebürtigen" Aachener, aber fanden hier ihre geliebte Wahlheimat. Gern öffneten sie sich den historischen, kulturellen und kulinarischen Besonderheiten dieser Stadt, die sie uns Kindern nahebrachten. Am Martinstag bekamen wir Weckmänner, mit deren Pfeifen wir noch lange nach dem Verzehr spielten, und wenn Oma aus Hannover zu Besuch kam, wollte sie Reisfladen essen, die es doch nur in Aachen gab, wie die Streuselbrötchen.

Printen liebten wir natürlich auch! Auf dem Weihnachtsmarkt kaufte Opa uns einmal eine riesige Reiterfigur. Wochenlang durften wir davon ein Stück als Schulfrühstück mitnehmen, und das Küchenschränkchen, in dem der Reiter lagerte, hieß fortan „Printenschrank". Sogar beim Lateinlernen halfen die Printen: „pro nobis" heißt „für uns", das merkt man sich am Namen der Printenbäckerei! (Vobis-Computer, übrigens auch eine Aachener Gründung, gab es damals noch nicht.)

Im Straßenkarneval erlebten wir schon früh das traditionelle Erbsensuppenessen des Karnevalsvereins Oecher Penn, dessen Originalrezept ich nun für dieses Kochbuch erfragte.

Beim Wandern im Aachener Wald war es faszinierend, mal mit einem Bein in Deutschland und mit dem anderen in Belgien oder den Niederlanden zu stehen! Am Ende unserer Straße stand eine Frittenbude von belgischen Betreibern. Und lange vor dem Schengener Abkommen fuhren wir mit der Straßenbahn über die holländische Grenze nach Vaals, wo es pro Kopf eine bestimmte Menge des dort viel billigeren Kaffees zollfrei gab.

Die Arbeit an diesem Kochbuch hat besonders meine Mutter mit viel Anteilnahme und manchen Ratschlägen verfolgt, aber das fertige Buch kann ich ihr nicht mehr in die Hände legen. Es sei darum ihr gewidmet, der ich mein Interesse an der regionalen Küche (und vieles mehr) verdanke und die trotz ihrer ost-/westpreußischen Prägung sich viel Aachen-Typisches angeeignet hatte.

Die Weltoffenheit der Aachener spiegelt sich nicht zuletzt in ihrer Küche, in der schon lange vor der Globalisierung die Einflüsse von mehreren Regionalkulturen ihren Niederschlag fanden. „Sprudelnde Vielfalt" heißt ein Slogan, mit dem die Stadt Aachen eine Zeitlang für sich warb – und das darf gut und gerne auch für die kulinarischen Spezialitäten der Region im Knotenpunkt zwischen Rheinland, Westfalen, Belgien und den Niederlanden gelten.   Marianne Kopp

Den ältesten Brunnen Aachens auf dem Marktplatz, den Karlsbrunnen, krönt seit 1620 eine Figur Karls des Großen mit der „Eäzekomp", seiner Erbsensuppenschüssel, wie die Brunnenschale von den Aachenern liebevoll genannt wird. Erbsensuppe hat eine lang verwurzelte Tradition im ganzen Rheinland. Zur Karnevalszeit lädt die Stadtgarde „Oecher Penn" (1857 gegründet) seit vielen Jahrzehnten die Aachener Bevölkerung zum Erbsensuppenessen (aus der Gulaschkanone) ein, eine ursprünglich als Armenspeisung gedachte Tradition.

Hier ist das Originalrezept der Oecher Penn:
für 1111 Liter braucht man: 15 kg Sellerieknollen, 19 kg Porree, 19 kg Möhren, 19 kg Zwiebeln, 200 kg Kartoffeln, 45 kg geräucherten, mageren, durchwachsenen Speck, 55 kg Fleischwurst, 190 kg Schälerbsen, Gewürze

Eäzezupp (Erbsensuppe)

Umgerechnet für 4–6 Personen
1 Bund Suppengrün, 1–2 Zwiebeln, 500 g Kartoffeln, 110 g Speck, 150 g Fleischwurst, 500 g Schälerbsen, Salz, Pfeffer, gekörnte Brühe

Über Nacht die Erbsen einweichen. Gemüse putzen und würfeln, Kartoffeln schälen und würfeln, Speck und Fleischwurst würfeln. Die Erbsen abseihen und mit der doppelten Menge Wasser (ohne Salz!) zum Kochen bringen. Stärkeschaum abschöpfen und 1 Stunde kochen lassen, bzw. bis die Erbsen weich sind. Dann Kartoffel- und Gemüsewürfel zugeben und kochen lassen, bis die Kartoffeln gar sind. Zum Schluss den Speck und die Fleischwurst zugeben. Mit Salz, Pfeffer und gekörnter Brühe abschmecken. Das Geheimnis der Suppe ist die individuelle Würzmischung, diese bleibt das Geheimnis der Oecher Penn.

Der Kräutergarten Karls des Großen findet sich noch heute hinter dem Rathaus und zeigt eine Auswahl der rund 80 Pflanzen, die der Frankenkönig im Jahre 795 (bevor er 800 die Kaiserwürde erlangte) im 70. Kapitel des „Capitulare" hat aufschreiben lassen. In dieser Verordnung für den Gartenbau sind Gemüse, Obstsorten und Kräuter für Medizin und Küche aufgeführt. Die gesunden Küchenkräuter geben diesem sättigenden Süppchen die besondere Würze.

Kaiser Karls Kräutersüppchen

2 EL Olivenöl, 1 Zwiebel, 500 g Kartoffeln (mehlig kochend), 1 Stange Lauch, 3 große Möhren, 2 Petersilienwurzeln, 1 l Gemüsebrühe, 3 Lorbeerblätter, 3 Nelken, 2 EL Monschauer Kaisersenf, 200 ml Sahne, Pfeffer, Salz, frische Kräuter: Schnittlauch, Petersilie, Dill, Kresse, Kerbel, Sauerampfer, Pimpernelle, Borretsch

Gemüse waschen, schälen und würfeln.

Kräuter waschen und mit einem Wiegemesser zerkleinern.

Zwiebelwürfel im Öl glasig dünsten. Gemüse hinzufügen, mit Brühe aufgießen. Lorbeerblätter und Nelken dazugeben, ca. 20 Minuten leicht kochen lassen.

Lorbeerblätter und Nelken entfernen. Mit Senf, Salz, Pfeffer würzen, weitere 15 Minuten köcheln lassen.

Einen Teil des Gemüses pürieren.

Zum Schluss die gehackten Kräuter und Sahne unterrühren, Suppe dann nicht mehr aufkochen.

Auch kulinarisch sind die Aachener weltoffen und genießen gern die Spezialitäten der so nahen Nachbarländer Belgien und Niederlande. Waterzooi ist ein flämisches Nationalgericht, das mit beliebigen Fischen oder Hühner- und Kalbfleisch zubereitet wird, mit vielen verschiedenen Gemüsen. Der Name bedeutet ‚etwas in Wasser Gekochtes'. Traditionell wird die Suppe mit Zwiebackbröseln und dickem Rahm gebunden.

Waterzooi

3 Stangen Sellerie, 2 Stangen Lauch, 5 Möhren, 2 Petersilienwurzeln, 1 große Zwiebel, 1 kg Seelachsfilet (oder anderer Fisch), 1 Bund Petersilie, 1 Bund Schnittlauch, etwas frischer Dill, 1 EL Thymian gehackt, 1 TL Salbei gehackt, 3 Lorbeerblätter, 0,5 l trockener Weißwein, Saft von $^1/_2$ Zitrone, Salz, Pfeffer aus der Mühle, 200 g Schmand, 3–5 EL Weckmehl

Gemüse waschen und putzen. Möhren und Petersilienwurzeln in Juliennestreifen schneiden, Stangensellerie und Lauch in dünne Scheiben schneiden, Zwiebel würfeln. Fisch in 3–5 cm große Stücke schneiden. Gemüse und Fisch in einen großen Topf geben, den Wein angießen, mit Wasser, Zitronensaft und etwas Salz zum Kochen bringen und bei geringer Hitze köcheln lassen, bis der Fisch gar ist. Etwas von dem Sud entnehmen und den Schmand damit weich rühren.
Frische Kräuter hacken und in den Topf geben, Weckmehl hinzufügen und vorsichtig umrühren, weiter köcheln lassen. Zum Schluss den Schmand hinzufügen und mit Salz und frisch gemahlenem Pfeffer abschmecken.

Dazu serviert man geröstete Baguettescheiben.

Auch in der Region um Aachen wird wie in ganz Nordrhein-Westfalen viel Kohl angebaut, der traditionell zu den Grundnahrungsmitteln gehört. Typisch für diesen deftigen Eintopf ist, dass erst zum Servieren ausgebratene Speck- und Zwiebelwürfel darübergestreut werden. Hier kommen auch noch gebratene Mettwurstscheiben hinzu.

Weißkohleintopf

ca. 750 g Weißkohl, 500 g Kartoffeln, 1 l Fleischbrühe, Salz, 1 TL Kümmel, 200 g durchwachsener Speck, 1 Zwiebel, 250 g grobe Mettwurst

Kohl putzen, vierteln und den Strunk rausschneiden. Die Kohlviertel unter kaltem Wasser abspülen und abtropfen lassen. Kohl hobeln oder in Streifen schneiden. Kartoffeln schälen, waschen und in Scheiben schneiden.

Heiße Fleischbrühe in einen Topf geben, den vorbereiteten Kohl und die Kartoffeln dazugeben, mit Salz und Kümmel würzen und zugedeckt 45 Min. kochen.

Gegen Ende der Kochzeit Speck und geschälte Zwiebel würfeln. Speck in einer Pfanne wenige Minuten braten, Zwiebelwürfel dazugeben und glasig braten. Von der Mettwurst die Haut abziehen, die Wurst in Scheiben schneiden und in der Pfanne 4 Min. braten.

Den Weißkohleintopf mit Salz abschmecken und in eine vorgewärmte Terrine geben. Die Speck- und Zwiebelwürfel und Wurstscheiben darauf verteilen.

Karlswurst ist eine Kreation der Aachener Fleischer und besteht aus Mettenden, die mit allerlei Kräutern aus der Liste des Karlsgartens verfeinert werden. Diese Spezialität der Stadt Aachen, traditionell handwerklich hergestellt und kein Industrieprodukt, schmeckt besonders gut in einem kräftigen Gemüseeintopf.

Eintopf mit Karlswurst

3 EL Olivenöl, 2 Zwiebeln, 4 Möhren, 1 Stange Lauch, 1 kleiner Spitzkohl, 2 große Pastinaken, 500 g Kartoffeln, 1 l Gemüsebrühe, 1 EL Senf, Salz, Pfeffer, 6 Karlswürste

Das Gemüse waschen, putzen und klein schneiden.

Die gewürfelten Zwiebeln in dem Öl glasig dünsten, das Gemüse und die Kartoffeln hinzugeben, mit Gemüsebrühe ablöschen und auffüllen. Ca. 20-30 Min. kochen lassen. Dann gibt man die Karlswürste dazu und lässt den Eintopf noch eine Viertelstunde weiterköcheln. Die Karlwürste wieder herausnehmen, in ca. 2 cm lange Stücke schneiden und wieder in den Eintopf geben. Mit Senf, Salz und Pfeffer abschmecken.

Dazu schmeckt kräftiges Dinkelbrot.

Typisch rheinisch ist die Verwendung von Äpfeln (oder Birnen) in einem herzhaften Gericht. Die Bohnen schmecken am besten frisch aus dem Garten oder vom Markt. Stangenbohnen muss man sorgfältig abfädeln und in feine Streifen schneiden („Schnippelbohnen"), da sie etwas hart sind.

Früher, als es noch keine Tiefkühlmöglichkeiten gab, wurden Schnippelbohnen durch Milchsäuregärung haltbar gemacht, ähnlich wie Sauerkraut. „Saure Bohnen" liebt man im Rheinland noch heute.

Schnippelbohnen mit Äpfeln

500 g grüne Bohnen oder Stangenbohnen, 1 l Brühe, 1 Bund Bohnenkraut (oder 2 EL getrocknetes), 3 säuerliche Äpfel, 200 g durchwachsener Speck, gewürfelt, 1 große Zwiebel, 2 EL Mehl, evtl. 1 EL Essig, Salz, Pfeffer, 1 EL Zucker

Die Bohnen waschen, Enden abschneiden, dann in schräge Scheiben schneiden. Die Brühe in einem großen Topf erhitzen und die Bohnen darin bei mittlerer Hitze ca. 20 Min. kochen. Äpfel schälen, vierteln, vom Kernhaus befreien und würfeln. Zusammen mit dem zerkleinerten Bohnenkraut zu den Bohnen geben und weitere 15 Min. kochen lassen.

Währenddessen die Speckwürfel in etwas Butter oder Öl anbraten, die Zwiebel schälen, würfeln und mitanbraten. Mehl über die Speck-Zwiebel-Mischung stäuben, durchrühren und mit Bohnenwasser ablöschen. Diese Mischung in die Bohnen rühren und mit Salz, Pfeffer, Zucker und ggf. Essig süßsäuerlich abschmecken.

Varianten:

statt der Äpfel oder zusätzlich Birnen mitkochen

statt Salzkartoffeln als Beilage kann man gewürfelte Kartoffeln gleich mitkochen

Aachener Printen sind so etwas wie das Wahrzeichen Aachens, und so wirbt seit 1984 das von dem Aachener Bildhauer Hubert Löneke geschaffene bronzene Printenmädchen für Aachen als Printenstadt.
Jede Bäckerei und jede Konditorei rühmt sich ob ihrer streng geheim gehaltenen Rezeptur, insbesondere bei den Gewürzen. Allen Rezepten ist gemeinsam, dass als Hauptbestandteile lediglich Mehl, Wasser und Süßmittel verwendet werden, ohne Zusatz von Fetten aller Art. Der Sage nach wurden bereits am Hof Karls des Großen die ersten Printen gebacken, aber Historiker fanden die ersten Spuren um 1000 im belgischen Dinant.

Aachener Printen

500 g Zuckerrübensirup, 3 EL Wasser, 5 g Pottasche, 150 g Kandiszucker, 100 g brauner Zucker, 600 g Dinkelmehl, 1 Prise Piment, 3 geh. TL Anis, 2 TL Koriander, 2 geh. TL Zimt, 1 Prise Nelkenpfeffer, 1 Prise Kardamom, 1 Prise Muskatnuss, 1 Prise Natron

Sirup mit Wasser erhitzen. Pottasche in etwas Wasser auflösen und dazugeben. Kandis zerkleinern (z. B. in ein trockenes sauberes Geschirrtuch einschlagen und mit dem Nudelholz daraufschlagen), dann zu dem Sirup geben. Alle übrigen Zutaten hinzufügen und alles kräftig durchkneten. Den Teig über Nacht ruhen lassen.
Am nächsten Tag den Teig auf einer leicht bemehlten Fläche 3–5 mm dick ausrollen. 3 mal 8 cm große Rechtecke ausschneiden. Backblech mit Wasser bestreichen, Teigstücke darauflegen. Backofen vorheizen, die Printen ca. 12–15 Min. bei 200–220 °C backen. Auf einem Kuchengitter auskühlen lassen, dann in eine Dose legen.

Sollen die Printen weicher werden, lässt man sie eine Weile an feuchter Luft liegen oder legt ein Stück Apfel in die Dose.

In Belgien und den Niederlanden isst man Spekulatius das ganze Jahr lang, Aachener Bäckereien bieten sie vom Herbst bis etwa Ostern an. Der Teig wird vor dem Backen durch eine Form (Model) mit einem Prägebild versehen. Traditionell stellen diese Bilder die Nikolausgeschichte dar, heute sind aber auch Motive wie Schiffe, Bauernhäuser, Windmühlen beliebt – oder um die Osterzeit sogar Hasen und Hühner.

Aachener Spekulatius

160 g weiche Butter, 1 Ei, 600 g Dinkelmehl, $^1/_4$ TL Salz, 300 g brauner Zucker, 2 EL Milch, 50 g gemahlene Mandeln, $^1/_2$ TL Kardamom, gemahlen, $^1/_2$ TL Macis (Muskatblüte), gemahlen, $^1/_2$ TL Nelken, gemahlen

Butter, Salz, Mandeln, Ei, Gewürze und Zucker zu einem Brei verarbeiten. Die Hälfte des Mehls unterkneten, danach das restliche Mehl nach und nach unterkneten. Der Teig darf nicht klebrig sein. Falls er zu weich ist, eine halbe Stunde in den Kühlschrank stellen.

Ein Stück von dem Teig auf die mit Mehl eingestäubte Model legen und mit der Hand den Teig eindrücken. Wenn die Form gut gefüllt ist, mit einem Messer glatt streichen.

Die Teigfiguren durch Wenden und gleichzeitiges Klopfen der Model aus der Form fallen lassen.

Teigfiguren auf ein gefettetes und bestäubtes Backblech legen und im vorgeheizten Backofen bei 175 °C auf der mittleren Leiste ca. 9–12 Min. hellbraun backen.

Aachener Reisfladen ist ein runder Hefeteigboden mit gebackener Milchreisfüllung. Jenseits des Dreiländerecks ist der Fladen ganz unbekannt. Grenzüberschreitend gilt er zwischen Aachen, dem niederländischen Limburg und Ostbelgien als Spezialität. Jede Bäckerei hat ihr eigenes Rezept.

Im belgischen Verviers wurde die tarte au riz 1890 erfunden, als Speise für die schwer arbeitenden Bergarbeiter – heute noch wird sie den Radlern der Tour de France zur Stärkung gereicht.

Aachener Reisfladen

für den Teig:

10 g frische Hefe, ca. $^1/_8$ l lauwarme Milch, 150 g Mehl, 40 g flüssige Butter, 1 TL Zucker, evtl. 1 Ei, 1 Prise Salz

für die Füllung:

$^1/_3$ l Milch, 75 g Milchreis, 1 Prise Salz, 65 g Zucker, 2 Eigelb, Eischnee von 2 Eiweiß

Zuerst wird der Milchreis gekocht: Milch aufkochen, Milchreis und Salz hinzufügen. Bei schwacher Hitze ca. eine halbe Stunde quellen lassen, dabei gelegentlich umrühren. Zum Schluss den Zucker unterrühren und den Reis abkühlen lassen.

Für den Teig Hefe in die lauwarme Milch bröckeln und mit 1 TL Zucker verrühren. An einem warmen Ort gehen lassen. Nach 15 Min. die übrigen Zutaten dazugeben, zu einem glatten Teig verkneten und diesen eine Stunde gehen lassen.

Eigelb und Eischnee unter den kalten Milchreis ziehen.

Den Hefeteig in einer Tarteform dünn ausrollen und die Ränder nach oben ziehen.

Den Milchreis auf den Teig streichen und den Kuchen bei 220 °C 30–40 Min. backen, die Oberfläche muss leicht gebräunt sein.

Ob die Einflüsse der belgischen Küche in Aachen auf die elf Jahre belgischer Besatzungszeit nach dem Ersten Weltkrieg zurückreichen oder erst im zusammenwachsenden Europa kulinarisch Grenzen überwinden – diese Spezialität aus Lüttich ist gerade in der Grenzregion häufig anzutreffen. Charakteristisch für die Lütticher Waffeln sind der beim Backen karamellisierte Hagelzucker, die starke Rippung und die eher unregelmäßige Form. Der Legende nach wurden sie im 18. Jh. vom Koch des Fürstbischofs von Lüttich erfunden. Zuckerstücke im Teig findet man übrigens auch im Aachener Poschweck …

Lütticher Waffeln (Gaufres de Liège)

für ca. 15 kleine Waffeln braucht man:

160 ml lauwarme Milch, 25 g Zucker, 1 Tütchen Trockenhefe, 400 g Weizenmehl, 2 Eier, Mark von 1 Vanilleschote, 150 g weiche Butter, 1 Prise Salz, 150 g Hagelzucker

Die Trockenhefe mit der Milch und dem Zucker verrühren und einige Minuten stehen lassen, bis sie sich vollständig aufgelöst hat.

Mehl, Eier, Vanillemark, Butter, Salz und Hefemilch mit dem Mixer zu einem geschmeidigen Teig verkneten und ca. $^1/_2$ Std. ruhen lassen. Hagelzucker in den Teig kneten und im vorgeheizten Belgischen Waffeleisen kleine Teigportionen ausbacken.

Auch unter dem Namen „Schwatze Flaam" oder „Birrebunnes" bekannt, ist dieser Hefekuchen mit einem Mus aus Dörrbirnen eine kulinarische Spezialität aus dem westlichen Rheinland bis in die Niederlande und nach Belgien hinein. In einigen Gemeinden der Euregio Maas-Rhein ist dieser Fladen traditioneller Beerdigungskuchen, da es zum Beerdigungskaffee nur dunkle Hefetorten geben durfte.

Schwarzer Birnenfladen

für das Birnenmus: 500 g getrocknete Birnen (gibt's im Reformhaus), $^1/_2$ l Wasser, 100 ml Zuckerrübensirup, 1 gestr. TL Zimt, $^1/_2$ TL Anis, 2 TL gemahlener oder zerstoßener Koriander, 1 kl. Schnapsglas Obstler oder Birnenschnaps, $^1/_2$ Glas Weiß- oder Rotwein
für den Teig: 200 g Mehl, $^1/_2$ Würfel Hefe, 75 ml lauwarme Milch, 1 Ei, 30 g zerlassene, erkaltete Butter, 1 TL Zucker, 1 Prise Salz

Die Dörrbirnen über Nacht in $^1/_2$ l Wasser einweichen. Am nächsten Tag die Birnen mit dem Einweichwasser in einem Topf mit Deckel bei niedriger Temperatur langsam weich dünsten.
In der Zwischenzeit den Hefeteig zubereiten: Das Mehl in eine Schüssel sieben, in die Mitte eine Mulde drücken, Hefe hineinbröckeln und mit etwas Milch verrühren, dann die übrigen Zutaten hinzufügen und zu einem elastischen Teig verkneten. An einem warmen Ort zugedeckt eine halbe Stunde oder länger gehen lassen. Dann dünn ausrollen. Eine Tarte-Form (30 cm Ø) fetten, mit Grieß ausstreuen und den Teig hineinlegen, an den Rändern hochziehen.
Die etwas abgekühlten Birnen durch den Fleischwolf drehen. Dann die Birnenmasse mit dem Zuckerrübensirup, Anis, Zimt, Koriander, Schnaps und Wein gründlich mischen und nun gleichmäßig auf dem vorbereiteten Teigboden verstreichen. Mit einer Gabel Gittermuster in das Mus kratzen.
Den Birnenfladen im vorgeheizten Backofen bei 220 °C etwa 20 Min. backen, bis der Teigrand goldbraun ist.
Den abgekühlten Kuchen mit frisch geschlagener Sahne servieren.

Streuselbrötchen gibt es seltsamerweise nur in Aachen und der nächsten Umgebung – überall sonst in Deutschland erhält man in den Bäckereien bestenfalls Streuseltaler, die mit Zuckerguss überzogen sind. Aber die weiche, schlichte, weniger süße Urform, die nur aus Hefeteig und Streuseln besteht, die gibt es nur in Aachen! Zum Frühstück oder zwischendurch schmecken Streuselbrötchen – einfach so aus der Hand gegessen oder aufgeschnitten mit einer Scheibe Käse oder bestrichen mit Butter, Honig, Aachener Pflümli oder Rheinischem Apfelkraut ...

Streuselbrötchen

für den Teig: 300 g Mehl, 140 ml lauwarmes Wasser oder Milch, 30 g frische Hefe, 30 g Zucker, 30 g weiche Butter, 1 Prise Salz, 1 Ei
für die Streusel: 250 g Mehl, 125 g Butter, 125 g Zucker, 1 Eigelb, 1 Prise Salz

Das Mehl in eine Schüssel sieben, in die Mitte eine Mulde drücken, die Hefe hineinbröckeln und mit dem Wasser (Milch) und dem Zucker verrühren. Einige Minuten ruhen lassen, dann mit den übrigen Zutaten zu einem weichen Hefeteig verkneten. Zugedeckt an einem warmen Ort 15–30 Min. gehen lassen.

In der Zwischenzeit die Streusel zubereiten: Alle Zutaten verrühren, dann mit den Fingern verbröseln – oder mit „Händewaschbewegungen" zwischen den Handflächen leicht verreiben. (Nicht kneten! Sonst werden die Streusel hart.)

Den Teig zu einer Wurst formen und in 12 gleich große Stücke schneiden. Diese zu kleinen Kugeln formen und auf einem gefetteten Blech (oder mit Backpapier belegt) flach drücken. Die Oberfläche der Brötchen mit nassen Händen anfeuchten, dann die Streusel großzügig daraufgeben und etwas andrücken. Nochmal gehen lassen und im vorgeheizten Backofen bei ca. 200–220 °C 10–15 Min. hellbraun backen.

Der Weckmann aus Hefeteig mit Augen und Knöpfen aus Rosinen und einer Tonpfeife ist im Rheinland ein traditionelles Geschenk an die Kinder nach dem St.-Martins-Umzug. Er stellt einen Bischof dar – die Pfeife steht eigentlich für einen Bischofsstab.
Das süße Gebildbrot hat eine jahrhundertelange Tradition, im Mittelalter reichte man es den Büßern und Kranken als Kommunionsersatz. Eine Form benutzen die meisten Bäcker auch heute nicht, so ist jeder Weckmann einzigartig.

Weckmann

500 g Mehl, 100 g Zucker, 1 Würfel frische Hefe (oder 1 Päckchen Trockenhefe), 90 g weiche Butter, 1 Prise Salz, $1/4$ l lauwarme Milch
1 Eigelb zum Bestreichen, einige Rosinen und evtl. Mandeln zum Dekorieren

Mehl in eine Schüssel geben, in die Mitte eine Mulde drücken, die Hefe hineinbröckeln und mit etwas warmer Milch und Zucker zu einem Vorteig vermengen. Etwas Mehl darüberstäuben und an einem warmen Ort eine Viertelstunde gehen lassen. Dann die übrigen Zutaten hinzufügen und alles zu einem geschmeidigen Teig verkneten. Nochmals eine halbe Stunde gehen lassen.

Nun die Weckmänner formen (ggf. mit einer selbst gemachten Schablone aus Pappe), in den Mund die Tonpfeife drücken und einen Arm darumlegen.

Das Eigelb mit einigen Tropfen Wasser verrühren und die Weckmänner damit bestreichen. Mit Rosinen und evtl. Mandeln dekorieren. Anschließend ca. 20 Minuten bei 180 °C im Backofen backen.

Poffertjes, die ursprünglich aus Frankreich stammen und um 1800 in die Niederlande gelangten, sind dort inzwischen eine Art Nationalgericht. Es handelt sich um münzgroße dicke Pfannkuchen, die auch im Raum Aachen immer beliebter werden. Auf Jahrmärkten oder Straßenfesten sind sie zu finden, in Touristenorten wie Monschau oder Vaals auch als ständiges Angebot an Straßenständen. Man kann sie aber auch problemlos selbst zubereiten.

Holländische Poffertjes

125 g Weizenmehl, 125 g Buchweizenmehl, 450 ml lauwarme Milch, 10 g frische Hefe (oder 5 g Trockenhefe), etwas Salz, Butter und Puderzucker

Das Mehl mit dem Salz in einer Schüssel vermischen. In die Mitte eine Mulde drücken und die Hefe hineinbröckeln, mit etwas Milch übergießen und zu einem weichen Vorteig verrühren. Nun alle Zutaten zu einem zähflüssigen Pfannkuchenteig glattrühren, die Schüssel mit einem Tuch bedecken und den Teig eine halbe Stunde gehen lassen.

Die Poffertjespfanne (eine Pfanne mit kleinen Mulden) auf dem Herd erhitzen und in jede Mulde etwas Butter geben. Mit einem Löffel den Teig in die Mulden füllen. Die Poffertjes relativ schnell auf der einen Seite braten, dann mit einer Gabel oder einem Holzstäbchen wenden und auf der anderen Seite braten. Innen sollten sie nicht ganz „durch" sein.

Dann auf einen Teller geben, mit Butterflocken und viel Puderzucker warm servieren.

Tipp: Wer keine Poffertjespfanne hat, kann eine normale (beschichtete) Bratpfanne verwenden und Teigkleckse von 4–5 cm Durchmesser hineingeben. Die Poffertjes gelingen ebenso gut, sind nur optisch weniger perfekt.

AQVISGRANVM.
Aachen.

Poschweck heißt das traditionelle Aachener Osterbrot, mit Würfelzucker, Rosinen, Butter und Nüssen verfeinert. Urkundlich erwähnt wird es zuerst 1547, als alljährliches Ostergeschenk der Bäcker an die Stammkunden. Seine Größe richtete sich nach dem wöchentlichen Brotkonsum. 1846 kam es zur Poschweck-Revolution, 113 Bäcker wollten aus finanziellen Gründen keine Poschwecken mehr backen. Die Kundschaft rebellierte und klagte ihr altes Recht ein, bis sich die Munizipalität einschaltete und entschied, dass dieses Präsent eine Pflicht des Bäckers sei. Erst 1888 setzten sich die Bäcker mit ihrer Forderung durch und durften den Poschweck fortan verkaufen.

Poschweck

1 Würfel frische Hefe, $^1/_4$ l lauwarme Milch, 2 EL Zucker, 500 g Mehl, 150 g weiche Butter, 1 Ei, 1 Päckchen Vanillezucker, 1 TL Salz, 150 g Rosinen, 150 g grob gehackte Mandeln, 50 g Orangeat oder Zitronat, 150 g Würfelzucker, 1 Ei, 2 EL Zucker, 1 Prise Salz

Die Hefe zerbröckeln und mit der Milch und 2 EL Zucker vermischen, 15 Min. gehen lassen. Das Mehl in eine Schüssel geben, die Hefemilch hinzufügen, ebenso die Butter, 1 Ei, Vanillezucker und 1 TL Salz. Alles zu einem weichen Hefeteig verkneten. Nun Rosinen, Orangeat und Mandeln unterkneten, danach den Würfelzucker hineinkneten.

Zwei dicke runde Laibe formen und auf ein mit Backpapier ausgelegtes Backblech setzen. 1 Ei mit 2 EL Zucker und 1 Prise Salz verquirlen und die Laibe damit bestreichen. Die Oberfläche mit einem scharfen Messer dreimal längs einritzen und den geformten Teig an einem warmen Platz (ohne Zugluft!) 15–30 Min. gehen lassen.

Backofen vorheizen, den Poschweck 45 Min. bei 175 °C backen.

Am besten schmeckt der Poschweck in dicke Scheiben geschnitten und mit Butter bestrichen. Viele Aachener mögen gerne Leberwurst oder belgische Pasteten darauf.

Ein Monschauer Bäcker, Inhaber von Monschaus ältestem Café-Restaurant, ersann 1853 die Rezeptur der „Monschauer Dütchen". Eine frühe urkundliche Erwähnung dieser Monschauer Spezialität findet sich 1885 in einem Reiseführer des „Monschauer Verschönerungsvereins". Auch heute noch kann man in mehreren Monschauer Cafés die zu Tüten gerollten Biskuitfladen genießen, gefüllt mit Schlagsahne und frischen oder eingemachten Früchten. Selbermachen erfordert etwas Übung, führt aber noch bei kleinen optischen Mängeln zu einem lohnenden Ergebnis.

Monschauer Dütchen

3 Eier, 8 EL warmes Wasser, 150 g Zucker, 1 Päckchen Vanillezucker, 50 g Speisestärke, 1 gestr. TL Backpulver, 100 g Mehl, Zucker zum Bestreuen

Backofen auf 200 °C vorheizen. Eier trennen, Eigelb und Wasser schaumig schlagen. Nach und nach 100 g Zucker und den Vanillezucker zufügen und alles zu einer dicken Creme schlagen. Die Eiweiße zu steifem Schnee schlagen, die restlichen 50 g Zucker dazugeben. Den Schnee auf die Eigelbmasse geben, darüber das mit Stärke und Backpulver gemischte Mehl sieben. Alles vorsichtig vermengen. Der Teig muss zähflüssig sein, ggf. noch etwas Wasser hinzufügen.

Auf ein mit Backpapier belegtes Blech dünne Fladen von ca. 10 cm Durchmesser setzen, etwas breit laufen lassen und ggf. flach streichen. Im vorgeheizten Ofen 12–15 Min. hellgelb backen.

Dann muss alles sehr schnell gehen: Die heißen Biskuitfladen auf ein mit Zucker bestreutes Backpapier stürzen, das Backpapier mit kaltem Wasser bestreichen und abziehen, die Fladen über einen Kochlöffelstiel tütchenförmig zusammenbiegen und auf die zusammengedrückte Kante (damit die Tüten sich nicht wieder öffnen) wieder aufs Blech legen und noch mal 5–6 Min. weiterbacken.

Die erkalteten Dütchen mit frisch geschlagener Sahne und Obst füllen und zum Tee oder Kaffee servieren.

Zur Karnevalszeit gehören in Aachen und im Rheinland Mutzenmandeln oder „Mutzemändelscher" – wie in vielen Landschaften Schmalzgebackenes zu dieser „fünften Jahreszeit" gehört. Traditionell bäckt man den Teig in Schweineschmalz, heute wird aber oft Pflanzenöl genommen.

Mutzenmandeln

80 g Butter, 60 g Zucker, 1 Ei, 4 cl Rum, 250 g Mehl, 1 gestr. TL Backpulver, ggf. abgeriebene Schale von $1/2$ Zitrone, 100 ml Milch, 1 Prise Salz, 1 kg Schweineschmalz, Puderzucker

Butter schmelzen lassen, dann mit dem Zucker, dem Ei und dem Rum sehr schaumig schlagen. Das Mehl mit dem Backpulver in eine Schüssel sieben, die Zitronenschale, die Milch, etwas Salz und die aufgeschlagene Masse hinzugeben, alles zu einem Teig verkneten.
Das Schweineschmalz auf ca. 180 °C erhitzen. (Das Fett ist heiß genug, wenn sich an einem Holzlöffel kleine Bläschen bilden.)
Den Teig auf einer bemehlten Fläche etwa $1/2$ cm dick ausrollen und in Rauten schneiden oder beliebige Formen ausstechen (wer hat, nimmt einen Mutzenmandel-Ausstecher für tropfenförmige Mandeln). Jeweils einige Mutzen auf einmal in das heiße Schmalz geben und von jeder Seite 2 Min. goldbraun backen. Mit dem Schaumlöffel herausnehmen, auf Küchenkrepp abtropfen lassen und noch warm mit Puderzucker besieben.

Ein Traum zum Kaffee oder Tee! Dieses leckere, saftige Gebäck, ursprünglich aus dem östlichen Belgien stammend, ist nur im Grenzgebiet, also im Raum Aachen und der Region Eifel-Ardennen, bekannt und wird dort seit Generationen in vielen Bäckereien täglich frisch angeboten. Touristen, die den Aprikosenfladen in Aachen kennen- und lieben lernten, suchen oft vergeblich nach dem Namen und einem Rezept zum Nachbacken – Internet-Blogs zeugen davon. Aber es ist doch gar nicht kompliziert …

Aprikosenfladen

Teig: $\frac{1}{2}$ Würfel Hefe, $\frac{1}{8}$ l lauwarme Milch, 250 g Mehl, 30 g zerlassene Butter, 1 Ei, 1 TL Zucker, 1 Prise Salz; *Füllung*: 1 große Dose Aprikosen, 4 EL Zucker, Saft von $\frac{1}{2}$ Zitrone, 5 TL Speisestärke; *Dekoration*: 1 Eigelb, Hagelzucker

Mehl in eine Schüssel geben, in die Mitte eine Mulde drücken, die Hefe hineinbröckeln, den Zucker dazugeben und mit der lauwarmen Milch vorsichtig verrühren. Mehl vom Rand darüberstäuben und den Vorteig 10 Min. an einem warmen Ort ohne Zugluft gehen lassen. Wenn das Mehl über der Hefe Risse bekommen hat, verknetet man alles mit den übrigen Zutaten zu einem glatten Hefeteig. Wenn der Teig klebt, gibt man etwas Mehl dazu. Die Teigschüssel mit einem Küchentuch bedecken und an einem warmen Ort etwa 30 Min. gehen lassen.

Währenddessen lässt man die Aprikosen über einem Sieb gut abtropfen und schneidet sie in kleine Stücke. Die Speisestärke mit dem Zitronensaft gut verrühren, den Zucker dazugeben und diese Mischung mit den Aprikosenstücken vermengen.

$\frac{2}{3}$ des Hefeteigs ausrollen und in eine gefettete Tarteform von ca. 30 cm Durchmesser legen, den Teig an den Rändern hochziehen. Die Aprikosenmasse hineingeben und gleichmäßig verteilen. Den Rest des Teigs rund ausrollen und in schmale Riemchen schneiden, um ein Gitter zu legen, oder mit Einschnitten versehen und zu einem Gitter auseinanderziehen, oder mit einer Tortengitterstanze zu einem Gitter formen und auf die Obstmasse legen. Das Gitter mit verquirltem Eigelb bestreichen und reichlich Hagelzucker daraufstreuen. Bei 200 °C etwa 30 Min. backen.

Dicke Bohnen, heute vielfach nur als Viehfutter verwendet, sind im Rheinland und in Westfalen seit Generationen als deftiges Gericht beliebt. Am besten schmecken sie frisch (die Saison dauert von Mai bis August), aber ganzjährig findet man sie tiefgefroren oder vorgegart in Gläsern. Auch im Raum Aachen werden sie vielfach angebaut und auf dem Wochenmarkt angeboten. Mit wertvollen Mineralstoffen wie Kalium, Calcium und Magnesium und ihrem Reichtum an Eiweiß und Ballaststoffen sind sie zudem sehr gesund, dabei haben sie nur wenig Kalorien.

Dicke Bohnen mit Speck

500 g Dicke Bohnen-Kerne (oder 2 kg Dicke Bohnen in Schoten), 500 g durchwachsener Speck, $^1/_4$–$^1/_2$ l Wasser, etwas Fett, 1–2 EL Speisestärke, 1 Bund Bohnenkraut, Salz

Den Speck in einem Topf mit etwas Fett anbraten, mit Wasser auffüllen und 20 Min. kochen. Dann die in kaltem Wasser gewaschenen Bohnen und das grob gehackte Bohnenkraut dazugeben und alles noch 40 Min. bei milder Hitze garen lassen; die Bohnen sollen nicht platzen. Den Speck herausnehmen und in wenig Wasser angerührtes Stärkemehl zu den Bohnen geben, um sie leicht anzudicken. Mit Salz abschmecken und den Speck noch einmal in den Bohnen heiß werden lassen.

Dazu serviert man Salzkartoffeln.

Möhrengemüse hat in Aachen Tradition. Das gesunde Gericht kostet nicht viel, schmeckt gut und ist zu jeder Jahreszeit zu haben. Bei der Zubereitung von Möhren (egal ob roh oder gekocht) muss immer etwas Fett (Sahne, Öl oder Butter) zugegeben werden, denn das Provitamin A ist nur in Fett löslich, und nur so kann der Körper das Karotin aufnehmen und verwerten.

Morrejemöß

750 g Möhren, 500 g Kartoffeln, 1 Zwiebel, 100 g süße oder saure Sahne, Salz, weißer Pfeffer, Muskatnuss, frisch gerieben, 100 g Butter, frische Petersilie, frischer Dill

Möhren, Kartoffeln und Zwiebel schälen und würfeln. In wenig Salzwasser etwa 20 Min. weich kochen. Das Kochwasser abgießen und für den nächsten Eintopf aufheben. Die Gemüse-Kartoffel-Masse mit einem Kartoffelstampfer zerdrücken, dann die Butter in der heißen Masse schmelzen. Sahne und Gewürze untermischen, zum Schluss die gehackten Kräuter unterheben. Auf vorgewärmten Tellern servieren.

Dazu schmecken frische grobe Bratwürste oder Frikadellen.

Rotkohl, auf rheinische Art zubereitet, ist von der Speisekarte winterlicher Festessen nicht wegzudenken. So gehört er als klassische Beilage zur Martinsgans, zum Sauerbraten mit Printensoße und zu allen Wildgerichten. Je mehr Säure (z. B. durch Äpfel und Essig) beim Kochen dazugegeben wird, desto deutlicher wird seine rote Farbe. Gesund ist er auch: Rotkohl ist reich an Ballaststoffen und den Vitaminen C, B6 und E.

Apfelrotkohl

ca. 800 g Rotkohl, 3–4 Äpfel, 1 Zwiebel, 30 g Schmalz, 1 Lorbeerblatt, 3 Wacholderbeeren, 2 Pfefferkörner, 2 Nelken, 30 g Zucker, etwas Essig, 10 g Kartoffelmehl

Rotkohl putzen und in Streifen schneiden. Äpfel schälen und würfeln. Zwiebel schälen und würfeln, in Schmalz glasig braten. $^1/_4$ l Wasser zugießen, aufkochen und mit den Gewürzen mischen. Rotkohl und Äpfel hineingeben und bei geschlossenem Deckel eine Stunde dünsten. Gelegentlich umrühren. Zum Schluss abschmecken und mit Kartoffelmehl binden.

Spargel wird in der Städteregion Aachen vielfach aus der Gegend um Heinsberg bezogen, die für ihren Spargelreichtum auch mit einem besonderen touristischen Angebot wirbt, etwa den beliebten Spargelfahrten mit der Selfkantbahn, die eine Fahrt in einem historischen Dampfzug mit einem opulenten Spargelessen verbinden.
Frisch schmeckt Spargel natürlich am besten, und in der Spargelsaison freut man sich über neue Varianten der Zubereitung. Diese herzhafte Spargeltorte ist eine vollwertige Mahlzeit.

Spargeltorte

10 Scheiben Blätterteig (tiefgefroren), 1 kg frischer Spargel, 150 g Frühstücksspeck (in dünnen Scheiben), 150 g Mozzarella, 3 Eier, 125 g Schmand, 3 EL Weißwein, 1 TL gekörnte Gemüsebrühe, $^1/_2$ Bund Petersilie (gehackt), 1–2 TL Kartoffelmehl, etwas Salz, Pfeffer aus der Mühle, $^1/_2$ TL Zucker, etwas Curry

Den Spargel schälen, waschen, die unteren Enden abschneiden und die Stangen in 1 cm lange Stücke schneiden. In kochendem Salzwasser etwa 10 Min. garen, dann über ein Sieb abgießen.
Mozzarella in kleine Würfel schneiden.
Frühstücksspeck in kleine Lappen schneiden und anbraten.
Blätterteigscheiben auftauen. Eine Springform (28 cm ∅) oder ähnlich große Auflaufform fetten und den Boden und Rand mit dem Blätterteig auslegen. Die Spargelstücke hineingeben und den Mozzarella und Frühstücksspeck darauf verteilen.
Die Torte im vorgeheizten Backofen bei 220 °C etwa 10 Min. backen.
Die Eier und den Schmand verquirlen. Das Kartoffelmehl in dem Weißwein verrühren und zu der Eiermischung hinzufügen. Mit Salz, Pfeffer, Curry, Zucker und Gemüsebrühe kräftig würzen. Einen Teil der Petersilie untermischen. Diese Soße über die vorgebackene Spargeltorte gießen und weitere 25 Min. backen. Vor dem Servieren mit dem Rest der Petersilie garnieren.

„Himmel und Erde", wie es im Hochdeutschen heißt, ist ein
Gericht aus Kartoffeln (Erdäpfeln) und Äpfeln (an den Bäu-
men dem Himmel etwas näher). Seit dem 18. Jahrhundert
liebt man es im Rheinland, in Westfalen, Niedersachsen und
Schlesien. In Aachen isst man dazu gebratene Blutwurst, die
hier Puttes heißt. Wenn sie auch Mehl oder Buchweizen-
grütze enthält, lässt sie sich knusprig braten, sonst zerläuft sie
in der Pfanne zu Brei.

Hömmel än Eäd met Puttes

1 kg mehligkochende Kartoffeln, etwas Butter, $^1/_4$ l Milch, Salz, Pfeffer, 1 kg säuerliche
Äpfel (z. B. Boskop), 2 EL Zucker, 1 EL Zitronensaft, 2 große Zwiebeln, 100 g durchwachsener Räucherspeck, gewürfelt, etwas Bratfett, 500 g (evtl. geräucherte) Blutwurst

Kartoffeln waschen und in Salzwasser als Pellkartoffeln gar kochen.
Die Äpfel schälen, vierteln, das Kernhaus entfernen und mit Zucker und Zitronensaft in etwas Wasser
musig kochen.
Die Pellkartoffeln abgießen, möglichst heiß pellen und mit einem Kartoffelstampfer zu Püree stamp-
fen. Ca. $^1/_4$ l heiße Milch und etwas Butter unterrühren, mit Salz und Pfeffer abschmecken.
Kartoffelbrei und Apfelmus zusammenrühren – oder getrennt servieren.
Zwiebeln schälen, in Scheiben schneiden (entlang des Äquators) und Ringe herausdrücken.
In etwas Bratfett den gewürfelten Speck knusprig braten, die Zwiebelringe weich und hellbraun
schmoren und beides warm stellen.
Die Blutwurst in 1 cm dicke Scheiben schneiden und von beiden Seiten anbraten.

Herzhafte Winter-Variante: statt Apfelmus Sauerkraut zu den Stampfkartoffeln und der gebratenen
Blutwurst reichen

In Imbissbuden an der Straße, auf dem Öcher Bend oder auf den Weihnachtsmärkten der Städteregion Aachen werden vielfach die beliebten Reibekuchen angeboten, die aus der regionalen Küche nicht fortzudenken sind. Man bekommt meist drei Stück auf einem Pappteller und einen Klecks Apfelmus dazu – selbst gemacht schmecken sie aber noch viel besser …

Reibekuchen

1,5 kg Kartoffeln, 4 Eier, 2 Zwiebeln, Salz, Pfeffer, geriebene Muskatnuss, Öl

Kartoffeln schälen, waschen und fein reiben.

Dann die Kartoffelmasse in ein Sieb geben und leicht ausdrücken, dabei das Wasser in einer Schüssel auffangen und einige Minuten stehen lassen.

Zwiebeln schälen und fein würfeln, dann in einer Schüssel die Eier und Zwiebelwürfel mit der Kartoffelmasse vermengen. Das Kartoffelwasser wegschütten und das abgesetzte Kartoffelmehl unter die Masse rühren. Mit Salz, Pfeffer und Muskatnuss abschmecken.

In einer großen Pfanne Öl erhitzen, löffelweise die Kartoffelmasse hineingeben, flach drücken und von beiden Seiten ca. 3 Min. braten. Sollte der Teig nicht zusammenhalten, noch etwas Kartoffelmehl/Stärke hineinrühren.

Dazu schmecken Rüben- oder Apfelkraut, Apfelmus mit Preiselbeeren oder auch Aachener Leberwurst und Salat.

Öcher Puttes-Eädäppel-Wähe ist eine Kreation des Traditionsmetzgermeisters Rolf Lemmen an der Hotmannspief in Aachen. „Öcher Puttes" bedeutet Aachener Blutwurst – aber nicht nur das Wort ist regionaltypisch, sondern auch die Zusammensetzung der Gewürze unterscheidet sich von den Blutwurst-Zubereitungen anderer Landschaften.

Das herzhafte Gericht schmeckt nicht nur am Familienmittagstisch, sondern eignet sich auch gut als Spezialität für Festlichkeiten oder ein Abendessen mit Gästen.

Öcher Puttes-Eädäppel-Wähe

für 6–8 Personen

1 Paket Blätterteig, 450 g Kartoffeln, 450 g Sauerkraut, 700 g Puttes (Blutwurst, ungeräuchert, in ca. 0,5 cm Scheiben geschnitten), 500 g Zwiebeln, 1–2 EL Schmalz, alternativ Flüssigfette (Butter wird beim Braten zu schnell bitter), evtl. 2 saure Äpfel (z.B. Boskop) *für die Eier-Sahne-Soße*: 14 Eier, $^1/_2$ l süße Sahne, $1^1/_2$ TL Stärke, Pfeffer, Salz, Muskat

Gefrorene Blätterteigscheiben aus der Packung nehmen und nebeneinander auf der Arbeitsfläche auftauen lassen, dann evtl. etwas ausrollen. Kartoffeln waschen und in Wasser gar kochen. Sauerkraut ca. 15 Min. in etwas Wasser kochen. Zwiebeln schälen, in Ringe schneiden und in Schmalz glasig dünsten.

Eine große, rechteckige Auflaufform mit dem warmen Bratschmalz fetten und mit den Blätterteigscheiben bis zur Oberkante auslegen, ein paar Millimeter dürfen überstehen.

Kartoffeln pellen und in Scheiben schneiden. Äpfel schälen, entkernen und in Scheiben schneiden. Schichtweise Kartoffelscheiben, Puttes, abgetropftes Sauerkraut, Puttes, Zwiebeln in die Form füllen. Wer mag, endet mit einer Lage Apfelscheiben.

Eier, Sahne und Stärke verquirlen, mit Pfeffer, Salz und Muskat kräftig würzen und auf der Masse verteilen. Im vorgeheizten Backofen 15 Min. bei 175 °C, danach 60 Min. bei 130 °C backen, um das Ei zu stocken und gleichzeitig den Puttes zu schmelzen. Zum Schluss mit einem Pfannenheber prüfen, ob der Auflauf auch in der Formmitte abgebunden hat, ggf. Garzeit verlängern.

Heiß servieren. Dazu schmeckt ein würziges Bier.

Eädäppelschlot met Speck heißt auf Hochdeutsch: Erdäpfel- bzw. Kartoffelsalat mit Speck. So liebt man ihn im Rheinland, mit Kümmel und Zwiebeln, noch warm serviert! Typischerweise isst man dazu gebratene Blut- oder Leberwurst (Öcher Puttes oder Aachener Leberwurst!) – aber auch Würstchen mit Senf oder gebackener Fisch passen dazu.

Eädäppelschlot met Speck

1 kg festkochende Kartoffeln, 1 EL Kümmel, 150–200 g durchwachsener Speck, gewürfelt, 2 Zwiebeln, 2 EL Öl, 2 Gewürzgurken, 1 Bund Petersilie, $^1/_2$ Bund Schnittlauch, Essig, Salz, Pfeffer, Zucker

Die Kartoffeln waschen und mit dem Kümmel in Salzwasser gar kochen.
Petersilie waschen, gut abschütteln und fein hacken. Gewürzgurken würfeln.
Zwiebeln schälen und würfeln und mit dem gewürfelten Speck in Öl in der Pfanne braten.
Die gar gekochten Kartoffeln abschütten, noch heiß pellen (mit Hilfe einer Gabel), in Scheiben schneiden und in eine Schüssel geben. Die gebratenen Zwiebel- und Speckwürfel dazugeben, ebenso die anderen Zutaten. Mit Essig, Salz, Pfeffer und Zucker abschmecken.

In jenen Orten der Städteregion Aachen, die in der Eifel liegen, kennt und liebt man den Döppekooche, einen Kartoffelkuchen aus rohen Kartoffeln, der (früher in einem Eisentopf, daher der Name „Döppe") als Auflauf gebacken wird. Ursprünglich ein Festtagsgericht der sehr armen Eifelbauern, die sich keine Martinsgans oder andere Braten leisten konnten, erlebt der Döppekooche heutzutage eine Renaissance als regionale Spezialität, in mancherlei Varianten zubereitet. In einem Monschauer Restaurant serviert man ihn mit Hackfleischfüllung.

Döppekooche

für den Döppekooche: 1 kg Kartoffeln, 1 große Zwiebel, Salz, Pfeffer, 1 Ei, 8 EL Öl
für die Füllung: 300 g Hackfleisch (Rind, Schwein oder Lamm), 1 altbackenes Brötchen, 1 Ei, 1 Zwiebel, Salz, Pfeffer, Muskatnuss

Die Kartoffeln waschen, schälen und in eine große Schüssel möglichst fein reiben. Kartoffelmasse 5 Min. ruhen lassen, dann kurz auf ein feines Sieb geben und abtropfen lassen. Das Kartoffelwasser stehen lassen, damit sich die Kartoffelstärke absetzt. Wasser abgießen, die Stärke zu den Kartoffeln geben. Die Zwiebel schälen und fein reiben, zu der Kartoffelmasse geben. Ei unterrühren, kräftig salzen, etwas pfeffern. Für die Füllung das Brötchen 10 Min. in Wasser einweichen. Hackfleisch mit gehackter Zwiebel, Ei und Gewürzen vermengen. Brötchen vorsichtig ausdrücken und mit der Hackfleischmasse gut vermischen. Abschmecken.
Eine Auflaufform mit 4 EL Öl fetten, die Hälfte der Kartoffelmasse hineingeben. Aus dem Fleischteig einen Laib formen und darauflegen. Die restliche Kartoffelmasse darauf verteilen und glatt streichen, 4 EL Öl auf die Oberfläche geben und im vorgeheizten Ofen auf der unteren Schiene etwa 75 Min. bei 240 °C backen.
Dazu schmeckt grüner Salat... oder Apfelkompott!

Variante: Wenn man den Döppekooche ungefüllt zubereiten will, nimmt man 1,5 kg Kartoffeln und 3 große Zwiebeln. Man legt die Auflaufform mit 100 g durchwachsenem Speck (in dünne Scheiben geschnitten) aus.

Fritten (oder Pommes frites) wurden Ende des 17. Jahrhunderts in Belgien erfunden und sind eine echte wallonische Spezialität. Traditionell werden sie in Rinderfett statt Palmöl gebraten. Frittenbuden gab es bald auch im Raum Aachen. Obwohl es unzählige Soßen gibt, ist die Kombination mit Mayonnaise immer noch am beliebtesten, am besten hausgemacht.

Fritten aus der Wallonie

für die Fritten: 2,5 kg festkochende Kartoffeln, 2 kg Rinderfett oder Pflanzenfett, Salz
für die Mayonnaise: 1 Eigelb, $^1/_2$–1 TL Essig oder Zitronensaft, 150–200 ml Pflanzenöl, etwas Senf, Salz, Pfeffer

Die Kartoffeln waschen, schälen, abtrocknen und in 1 cm dicke lange Stifte schneiden. Dann im 160 °C heißen Fett vorbacken, herausnehmen und mindestens 10 Min. abkühlen lassen. Dann bei 180 °C fertig backen, abtropfen lassen und anschließend salzen.
Für die Mayonnaise müssen alle Zutaten Zimmertemperatur haben. Zunächst das Eigelb mit dem Senf verrühren, dann Essig oder Zitronensaft hinzufügen und mit den übrigen Zutaten gründlich verrühren.

Als Beilagen eignen sich Brühwürstchen, Spiegeleier, kurz gebratenes Fleisch usw.

Ein schlichtes, preiswertes Essen, auch als Schonkost geeignet und leicht zuzubereiten – sehr delikat durch den hochwertigen Monschauer Senf aus der historischen Senfmühle, der diesem Gericht eine besondere Note gibt.

Eier in Senfsoße mit Stampfkartoffeln

1 kg mehligkochende Kartoffeln, etwas Butter, 8 Eier, 0,4 l Gemüsebrühe, $^1/_2$ l Milch, 1 Bund Petersilie, 40 g Butter, 40 g Mehl, Monschauer „Kaisersenf" oder „Urrezept", Salz, Zucker

Kartoffeln waschen und in Salzwasser als Pellkartoffeln gar kochen.

Eier einstechen und in kochendem Wasser ca. 6 Minuten weich kochen.

In einem Topf ca. 40 g Butter auslassen, 40 g Mehl dazugeben und verrühren, mit der Gemüsebrühe ablöschen und mit $^1/_4$ l Milch unter Rühren aufkochen. Wenn die Soße schön sämig ist, mit Senf, Salz und Zucker würzig abschmecken. Soße warmstellen.

Die Pellkartoffeln abgießen, möglichst heiß pellen und mit einem Kartoffelstampfer zu Püree stampfen. Ca. $^1/_4$ l heiße Milch und etwas Butter unterrühren und vorsichtig salzen.

Kartoffelpüree auf die Teller geben, je 2 Eier und Soße dazugeben und mit Petersilie bestreuen. Dazu reicht man grünen Salat.

Sauerbraten wurde ursprünglich von Pferdefleisch gemacht, schon im 13. Jh. soll diese Zubereitung verbreitet gewesen sein. Heute nimmt man meistens Rindfleisch. Inzwischen ist er eines der bekanntesten Gerichte der deutschen Küche, aber jede Region hat ihre besonderen, unverwechselbaren Rezepte für die Soße. In Aachen erzielt man den typischen Geschmack mit Rosinen, einem Teil der Marinade, fügt aber noch Printen hinzu. Alle Aachener Restaurants mit regionaler Küche bieten diesen „Öcher Suurbrödem" mit seinem einzigartigen Printengeschmack an.

Öcher Suurbrödem/Aachener Sauerbraten

1 kg Pferdekeule oder Rinderschmorbraten, 50 g Bratfett
für die Marinade: $^1/_2$ l Rotwein, 160 ml Rotweinessig, 1 Bund Suppengrün, 2 Zwiebeln, 4 Wacholderbeeren, 1 TL Pfefferkörner, 2 Lorbeerblätter, 2 Pimentkörner, 3 Gewürznelken
für die Soße: 1 Tomate, Salz, Pfeffer, 100 g Rosinen (gut gewaschen), 3 Kräuterprinten, 1–2 EL Apfelkraut, 2 EL Aachener Printensenf, 200 ml saure Sahne, ggf. 1–2 EL Speisestärke

Für die Sauerbraten-Marinade den Rotwein mit dem Essig mischen und in eine Glas-, Keramik- oder Plastikschüssel (nicht aus Metall!) gießen. Suppengrün waschen, klein schneiden und zu der Rotwein-Essig-Mischung geben. Zwiebeln schälen, in Ringe schneiden und dazugeben. Wacholderbeeren, Pfefferkörner, Pimentkörner, Lorbeerblätter und Gewürznelken zu der Marinade geben. Das Fleisch hineinlegen – es muss ganz bedeckt sein, damit kein Schimmel entstehen kann.
Das Fleisch 3–7 Tage in der Marinade ziehen lassen, gelegentlich wenden.
Das Fleisch herausnehmen, trocken tupfen, mit Salz und Pfeffer einreiben und in dem heißen Bratfett von allen Seiten gut anbraten. Den Sud durch ein Sieb gießen und das aufgefangene Gemüse ebenfalls kurz mitdünsten. Dann mit einem Teil der Marinade ablöschen, 90 Minuten köcheln lassen, bis das Fleisch weich ist, nach Bedarf mehr Sud hinzufügen. Dann Tomate und eingeweichte Rosinen hinzufügen, ca. 15 Min. weiterkochen. Fleisch herausnehmen, in Scheiben schneiden und warm stellen.
Zum Schluss die Soße mit den zerkleinerten Printen und ggf. etwas Speisestärke abbinden und mit Apfelkraut, saurer Sahne und Senf abschmecken.
Als Beilagen serviert man Rotkohl und Apfelmus, dazu Kartoffelknödel oder Nudeln.

Dies traditionelle Gericht der rheinischen Küche lohnt unbedingt eine Wiederentdeckung, besonders wenn man zarte Nierchen von jungen Tieren bekommen kann und das Innere mit einem scharfen Messer wirklich gründlich entfernt. Man kann die Nierchen auch vom Metzger schon küchenfertig vorbereiten lassen.

Schweinenierchen süß-sauer

4–6 Schweinenierchen, 2 EL Essig, 1 große Zwiebel, 90 g Bratfett, 1 EL Tomatenmark, 1 EL Mehl, $\frac{1}{4}$ l Brühe, Salz, Pfeffer und Zucker

Die Nierchen der Länge nach aufschneiden und das weiße Innere sorgfältig entfernen, dann die Nierchen noch einmal der Länge nach halbieren und in schmale Quer-Streifen schneiden. In Salzwasser mit etwas Essig einmal aufkochen lassen, anschließend auf ein Sieb schütten und gut abtropfen lassen.

Zwiebel schälen und würfeln. In einem Topf oder einer tiefen Pfanne Bratfett erhitzen und die Zwiebeln zusammen mit den Nierchen scharf anbraten. Das Tomatenmark hinzugeben. Alles mit dem Mehl bestäuben, dann mit der Brühe und dem Essig aufgießen und nach Belieben mit Salz, Pfeffer und Zucker abschmecken.

Dazu serviert man Kartoffelpüree oder Semmelknödel oder Kartoffelklöße – und frisches Apfelkompott.

Während man im Rheinland meistens mit Düsseldorfer Senf kocht, hat im Raum Aachen vor allem der Senf aus der historischen Senfmühle des idyllischen Eifelstädtchens Monschau Konjunktur. Auf dem Wochenmarkt vor dem Rathaus und in vielen Aachener Fleischereien wird er in verschiedenen Geschmacksrichtungen angeboten. Mit einem würzigen Senfschmorbraten kann man so richtig in diesem uralten, gesunden Gewürz schwelgen.

Senfschmorbraten

1 kg Rindfleisch, 4–5 EL Monschauer Senf „Tomate", Bratfett, 2 Zwiebeln, 2–3 Möhren, 1 EL gekörnte Brühe, 1 TL Wacholderbeeren, 2 Nelken, 3 Lorbeerblätter, Salz und Pfeffer, $^1/_4$ l Rotwein, 2 TL Speisestärke

Am Vorabend das Rindfleisch mit dem Tomatensenf einreiben und in einer Schüssel über Nacht im Kühlschrank ziehen lassen.

Bratfett in einem großen Topf erhitzen und den Braten von allen Seiten braun anbraten. Zwiebeln und Möhren putzen und grob zerkleinern, kurz mitanbraten, mit etwas Rotwein ablöschen und mit Wasser auffüllen. Dann den Braten mit der gekörnten Brühe und den Gewürzen ca. $1^1/_2$–2 Std. schmoren, gelegentlich wenden und nach Bedarf Wasser zugießen.

Wenn das Fleisch weich ist, herausnehmen, in Scheiben schneiden und warm stellen.

Für die Soße den Soßenfond abgießen und in einem Topf aufkochen, das Gemüse pürieren und dazugeben. Den restlichen Rotwein mit der Speisestärke verrühren und den Fond damit binden. Mit Tomatensenf, Salz, Pfeffer und einer Prise Zucker abschmecken. Den Braten mit der Soße übergießen und servieren.

Dazu schmecken Salzkartoffeln und Tomatensalat.

Frikadellen gibt es wohl überall in Deutschland, wenn auch unter den verschiedensten Bezeichnungen. In Aachen aber schmecken sie ein wenig anders – das geheimnisvolle Aroma kommt von den Printen, die in Aachen nicht nur zu Weihnachten auf dem Bunten Teller liegen, sondern das ganze Jahr über Saison haben und auch mal in herzhaften Gerichten verwendet werden.

Frikadellen nach Aachener Art

500 g Hackfleisch (gemischt Schwein/Rind), 1–2 Zwiebeln, fein gewürfelt, 1 Ei, 2 Kräuterprinten (40 g), 1–2 EL feine Haferflocken, Salz, Pfeffer, Muskatnuss, frisch gemahlen, 1 TL getrocknetes Bohnenkraut, 1 TL getrockneter Majoran, 1 TL getrocknete Petersilie, 1 TL Rosmarin, 1 EL Monschauer Kaisersenf (grober mittelscharfer Senf)

Zuerst die Printen mit etwas heißem Wasser übergießen, damit sie weich werden. Nach wenigen Minuten das Wasser abgießen. Haferflocken zu den Printen geben, um die überschüssige Feuchtigkeit aufzunehmen. Hackfleisch und die übrigen Zutaten dazugeben und alles gut vermischen. Aus dem Teig mit nassen Händen 8 Frikadellen formen und in heißem Fett auf der Pfanne beidseitig anbraten und garen.

Besonders gut schmeckt dazu das Morrejemöß.

Dieses herzhafte rheinische Gericht schmeckt besonders gut mit „Aachener Weihnachtsleberwurst", einer der regionalen Spezialitäten. Der entscheidende Unterschied zur „normalen" Leberwurst ist die handwerkliche Fertigung, die Beigabe von Sahne und die Veredelung mit Printen, Honig und Koriander. Das Rezept mit „geschützter geografischer Angabe" gibt es seit mehr als 120 Jahren, und in der Weihnachtszeit werden in Aachen rund 20 Tonnen der originalen Weihnachtsleberwurst verkauft.

Leberwurst-Eierkuchen

für die Eierkuchen: 125 g Mehl, $^1/_2$ l Milch, 4 Eier, Salz
für die Füllung: 300 g feine Leberwurst, weißer Pfeffer, Salz, $^1/_2$ TL zerriebener Majoran, je $^1/_2$ Bund Schnittlauch und Petersilie
außerdem: Margarine zum Braten, 30 g Emmentaler Käse zum Bestreuen

Für die Eierkuchen Eier in einer Schüssel verquirlen, abwechselnd das Mehl und die Milch nach und nach dazugeben und mit Salz abschmecken. Teig zugedeckt beiseite stellen und etwas quellen lassen.

Für die Füllung Leberwurst in eine Schüssel geben, mit einer Gabel zerdrücken und mit Pfeffer, Salz und Majoran abschmecken. Schnittlauch und Petersilie unter kaltem Wasser abspülen, trockenschütteln und fein schneiden.

Etwas Margarine in einer kleinen Pfanne (20 cm Durchmesser) erhitzen. So viel Teig in die Pfanne geben, dass der Boden bedeckt ist. Eierkuchen auf jeder Seite 3 Min. hellgelb backen. Auf einen Teller gleiten lassen, mit Leberwurst bestreichen, mit den gehackten Kräutern bestreuen, zusammenrollen und warm stellen, bis alle 8 Eierkuchen gebacken sind. Mit Käse bestreut servieren.

Dazu reicht man Tomaten oder Kopfsalat und ein kühles Degraa-Pils.

Variante: Als zusätzliche Füllung eignen sich auch gedünstete Champignons und Zwiebeln.

Karl der Große war ein leidenschaftlicher Jäger, der gern zur Erholung von seinen Staatsgeschäften sein Jagdglück in den Wäldern suchte. Natürlich gehörte auch der weitläufige, damals noch viel wildere Aachener Wald zu seinen Jagdgebieten. Bis heute sind im Aachener Wald Rehwild, Rotwild, Schwarzwild, Dachse, Füchse und Marder heimisch.

Wild-Geschnetzeltes in Printen-Rotweinsoße

ca. 15 Backpflaumen, $^1/_2$ TL gemahlener Zimt, 2 EL Öl, 800 g Reh- oder Hirschfleisch, Pfeffer, Salz, 100 g Möhren, 100 g Zwiebeln, 150 g Pfifferlinge oder Champignons, 30 g gehackte Mandeln, 1–2 EL Tomatenmark, 4 Lorbeerblätter, 12 Wacholderbeeren, $^1/_2$ l Rotwein, 100 g Kräuterprinten

Backpflaumen klein schneiden und in $^1/_2$ Tasse Rotwein und Zimt einweichen.

Fleisch in Würfel oder Streifen schneiden. Gemüse putzen, waschen und fein würfeln. Pilze putzen und in Scheiben schneiden.

In einem großen Topf das Öl erhitzen und das Fleisch darin 5 Minuten kräftig anbraten, salzen und pfeffern. Gemüse und Pilze dazugeben, einige Minuten mitbraten und mit dem übrigen Rotwein angießen. Mandeln und Gewürze hinzufügen, alles 10–15 Min. kochen lassen. $^1/_2$ l Wasser dazugießen und bei mäßiger Hitze etwa 1 Stunde kochen lassen, ggf. noch etwas Wasser hinzufügen.

Alle festen Bestandteile mit einem Schaumlöffel herausnehmen und warm stellen. Die zerbröckelten Printen in der Soße auflösen.

Nun die Backpflaumen dazugeben, Fleisch und Gemüse wieder in die Soße geben, alles noch einmal aufkochen lassen.

Mit Kartoffelknödeln und Apfelrotkohl servieren. Dazu schmeckt ein Glas Rotwein.

Entgegen seinem Namen wird rheinischer Heringssalat nicht mit Heringen, sondern mit Matjesfilets zubereitet. Bei der Silvesterparty darf er nicht fehlen, aber er schmeckt auch zu jeder anderen Jahreszeit – und ist ganz einfach zuzubereiten.

Roter rheinischer Heringssalat

3 gehäufte EL 50 %ige Mayonnaise, 250 g Naturjoghurt, 1 TL Monschauer Senf Ur-Rezept, 4 EL heller Balsamico, 4–6 holländische Matjesfilets, 100 g gekochtes Rindfleisch, 1 großer saurer Apfel (z. B. Boskop), 1 mittelgroße Zwiebel, 150 g gekochte Rote Bete (frisch oder aus dem Glas), 150 g gekochte Pellkartoffeln, 2 hart gekochte Eier, 100 g Gewürzgurken, 30 g Walnusskerne, frischer oder tiefgefrorener Dill, Zucker und Pfeffer

Die Mayonnaise mit dem Joghurt, dem Essig und dem Senf in einer großen Schüssel verrühren. Die Matjesfilets in 2 cm große Stücke schneiden. Nun die übrigen Zutaten würfeln und dazugeben: das Rindfleisch, die Rote Bete, die gepellten Kartoffeln, die Eier, die Gewürzgurken und den geschälten Apfel. Die Zwiebel fein würfeln und in einer Tasse mit kochendem Wasser überbrühen (um sie bekömmlicher zu machen), nach einigen Minuten das Wasser abgießen. Die Walnusskerne und den Dill hacken. Alle Zutaten mischen. Zum Schluss mit etwas Zucker und frisch gemahlenem Pfeffer abschmecken und im Kühlschrank durchziehen lassen.

Wenn der Heringssalat eine Hauptmahlzeit sein soll, reicht man Pellkartoffeln dazu – und natürlich ein Aachener Degraa-Pils.

Die originalen Aachener Printen sind hart – aber in dieser verführerischen Verarbeitung als Nachtisch, geschichtet nach westfälischer Art, weichen sie auf und verbinden sich geschmacklich mit süßem Quark und säuerlich erfrischenden Früchten. Statt Kirschen aus dem Glas kann man auch frisches Obst oder andere Obstkonserven verwenden, z. B. Preiselbeeren.

Printen-Schichtspeise

200 g Kräuterprinten, 1 EL Rosinen, 4 cl Cognac oder Weinbrand, 1 großes Glas Kirschen, 500 g Speisequark, 50 g Zucker, 2 Eier (getrennt)

Kirschen abtropfen lassen.

Printen zerbröseln, mit den Rosinen und der Hälfte des Cognacs einweichen. Einige EL Kirschsaft zum Einweichen hinzufügen.

Quark, Zucker, Eigelb und restlichen Cognac mischen.

Eiweiß sehr steif schlagen und darunterheben.

Lagenweise Kirschen, Printenmischung und Quark in Gläser füllen und mit Kirschen garnieren. Vor dem Servieren etwas durchziehen lassen.

Ein festliches Dessert mit Zutaten aus dem Dreiländereck! Kräuterprinten gibt es in Aachen in fast jeder Bäckerei – oder man backt sie selbst. Leffe-Bier ist ein belgisches Schwarzbier, das auch in Aachen seine Liebhaber hat. Hier findet es Verwendung für ein leckeres Sabayon, eine besondere Spezialität, die eigentlich in Italien ihren Ursprung hat.

Aachener Printen-Soufflé mit Leffe-Bier-Sabayon

für das Soufflé: 80 g bittere Schokolade, 80 g Butter, 50 g Zucker, 4 Eier (getrennt), 140 g Printen, 40 ml warme Milch, 1 Messerspitze abgeriebene, unbehandelte Zitronenschale, 60 g fein gehackte Haselnüsse, 1 EL Zucker

für das Sabayon: 125 ml Leffe-Bier oder anderes Schwarzbier, 20 g Zucker, 2–3 EL Zitronensaft, $\frac{1}{2}$ TL Zimt, 4 Eigelb, rote Beeren zum Dekorieren

Die Schokolade im Wasserbad schmelzen. Butter und 50 g Zucker mit dem Handmixer aufschlagen. 4 Eigelb und die aufgelöste Schokolade hinzufügen. Die Printen fein raspeln, in der Milch einweichen, mit der Zitronenschale und den Haselnüssen unter die Eigelbmasse rühren. 4 Eiweiß zu einem festen Schnee schlagen, 1 EL Zucker darunternmischen und den Eischnee vorsichtig unter die Masse heben.

Kleine Kuchenförmchen einbuttern und mit etwas Zucker ausstreuen, dann bis knapp unter den Rand befüllen, in ein Wasserbad stellen und im Ofen bei 200 °C ca. 25 Min. backen.

Für die Soße 4 Eigelb mit 20 g Zucker im Wasserbad schaumig schlagen, nach und nach das Bier mit dem Zimt und Zitronensaft hinzufügen, weiter schaumig schlagen.

Die Soufflés in der Mitte des Tellers aufstellen, mit dem Sabayon übergießen und mit den Beeren dekorieren.

Vla, das Lieblingsdessert der Holländer, ist auch bei den Aachenern beliebt. Im grenznahen Gebiet kann man leicht im benachbarten Ausland einkaufen, denn in deutschen Supermärkten findet man diese Spezialität nur in einer eher untypischen Variante. Vla unterscheidet sich von normalem Pudding dadurch, dass er sämig ist, aber nicht fest, und nicht so süß. Es gibt ihn in vielen geschmacklichen Varianten, die man auch leicht selbst herstellen kann.

Vla

3 Eier, 0,8 l Vollmilch, 0,2 l Sahne, 50 g Zucker, 25 g Speisestärke

5 EL von der Milch in einer Tasse mit der Stärke verquirlen.

Den Rest der Milch mit der Sahne in einem Topf auf dem Herd erhitzen.

Die Eier mit dem Zucker schaumig rühren. Die Stärkemilch dazugeben.

Nun einige EL von der heißen Milch unter Rühren in die Eiermischung geben, dann die Mischung in die restliche heiße Milch geben und unter Rühren kurz aufkochen. Wenn die Masse zu binden beginnt, den Topf vom Herd nehmen und weiterrühren.

Der Vla soll keine Haut bekommen, deshalb muss man ihn alle paar Minuten durchrühren, bis beim Rühren kein Dampf mehr entweicht. Dann in Portionsgläser füllen und ganz auskühlen lassen, zuletzt im Kühlschrank. Kalt servieren.

Für Schoko-Vla fügt man der Speisestärke Kakaopulver zu (echten Kakao, kein Instant-Getränkepulver!).

Für Vanille-Vla schabt man das Innere einer Vanilleschote in die Milch und lässt es eine Minute mitkochen.

Für Hopjes-Vla (benannt nach den berühmten Kaffee-Karamell-Bonbons) gibt man 1 EL löslichen Kaffee in die Milch.

Für Karamell-Vla gibt man Karamellsirup in die Milch.

Bei einem Frühlingsspaziergang im Aachener Wald kann man frischen Waldmeister sammeln – oder man erntet die Heil- und Würzpflanze im Garten. Das Aroma kommt von dem Inhaltsstoff Cumarin und entwickelt sich besonders bei welken oder trockenen Blättern. Schon um die Zeit Karls des Großen war Maiwein als medizinisches Getränk bekannt. Diese leichte Bowle schmeckt herrlich erfrischend – man trinkt sozusagen den Frühling …

Maibowle

ein Sträußchen Waldmeister, ca. 5 g, 1 l trockener Weißwein (Rheinwein), 2 l klarer Apfelsaft, 1 ungespritzte Zitrone, 1 Flasche Sekt

Waldmeister (nur vor der Blüte verwenden!) einen Tag lang anwelken lassen, da er erst dann sein volles Aroma entfaltet. Die Stängel mit einem Faden zusammenbinden, das Sträußchen unter kaltem Wasser abspülen. In eine Schüssel oder ein Bowlengefäß den Wein gießen, den Waldmeister in den Wein hängen. Die Stielenden sollen nicht mit dem Wein in Berührung kommen. Eine halbe Stunde zugedeckt ziehen lassen, dann die Kräuter herausnehmen. Apfelsaft dazugeben. Zitrone in Scheiben schneiden und hinzufügen, alles kühl stellen. Kurz vor dem Servieren den gut gekühlten Sekt zugießen.

Inhalt

Die Rezepte sind, wenn nicht anders angegeben, für vier Personen berechnet.
Alle Rezepte und Tipps sind mit Sorgfalt ausgewählt und geprüft. Eine Haftung des Verlages und seiner Beauftragten für Schäden an Personen, Sach- und Vermögensgegenständen ist ausgeschlossen.

Bibliografische Information der Deutschen Nationalbibliothek

Die Deutsche Nationalbibliothek verzeichnet diese Publikation in der Deutschen Nationalbibliografie; detaillierte bibliografische Daten sind im Internet über http://dnb.dnb.de abrufbar.

Kochstudio: ppfotodesign Frauke Pump

© 2014 by Husum Druck- und Verlagsgesellschaft mbH u. Co. KG,
 Husum
Gesamtherstellung: Husum Druck- und Verlagsgesellschaft
Postfach 1480, D-25804 Husum – www.verlagsgruppe.de

ISBN: 978-3-89876-743-9